Para calentarse, para refrescarse
Keeping Warm, Keeping Cool

La ciencia y la ciudad
CITY SCIENCE

Thomas F. Sheehan
Traducido por Esther Sarfatti

Rourke

Publishing LLC
Vero Beach, Florida 32964

www.rourkepublishing.com

PHOTO CREDITS: Cover and pages 7, 17, 22 © PhotoDisc, Inc.; title page and pages 12, 18 © Lois M. Nelson; pages 4, 8 © Painet, Inc.; pages 6, 10 © P.I.R.; pages 8, 13, 15 © L. Stone; page 19 © Image 100 LTD

Consulting editor: Marcia S. Freeman

Library of Congress Cataloging-in-Publication Data

Sheehan, Thomas F., 1939-
  [Keeping warm, keeping cool. Spanish/English Bilingual]
  Para calentarse, para refrescarse / Thomas F. Sheehan.
    p. cm. -- (Ciencia citadina)
  ISBN 1-59515-666-6 (hardcover)
  1. Heat--Juvenile literature. 2. Cold--Juvenile literature. 3. Temperature--Juvenile literature.   I. Title. II. Series.
  QC252S4418 2006
  536--dc22

2005022731

Printed in the USA

CG/CG

Contenidos
Table of Contents

Calor o frío

¿Sabías que eres un mamífero? Eso significa que tienes la sangre caliente. Tu cuerpo puede mantener una temperatura constante. Pero cuando hace mucho frío o mucho calor, tu cuerpo necesita ayuda para hacerlo.

Hot or Cold

Did you know you are a mammal? That means you are warm-blooded. You can keep your body at one temperature. But when the weather is very cold or hot, you need help to do that.

Cuando hace frío, debes abrigarte.

When the weather gets cold, you need to dress warmly.

Mantenerse caliente
Keeping Warm

Cuando hace mucho frío, tu cuerpo pierde **calor**. Perder demasiado calor es peligroso porque desciende la temperatura de tu cuerpo. Eso se llama hipotermia.

When the weather is very cold, you lose body **heat**. It is dangerous if you lose too much heat. Your body temperature drops. We call that hypothermia.

Estas focas viven en un clima frío.   *These seals live in a cold climate.*

¿Cómo nos mantenemos calientes en la ciudad? ¿Cómo se protegen otros mamíferos del frío?

How do we keep warm in the city? How do other mammals protect themselves from the cold?

Mantener el calor dentro o fuera

En la ciudad, nos abrigamos con varias capas de ropa caliente para **aislar** nuestro cuerpo del frío. La ropa mantiene el calor de nuestro cuerpo. Otros mamíferos tienen un aislamiento natural. Su grasa o piel mantiene el calor de su cuerpo.

Keeping Heat In and Out

In the city we bundle up in layers of warm clothes to **insulate** us from the cold. The clothes keep our body heat in. Other mammals have built-in insulation. Their fat or fur holds in their body heat.

Aislamiento
Insulation

También aislamos las paredes y los techos de nuestras casas y otros edificios. Durante el invierno, el aislamiento mantiene el calor dentro del edificio. En verano, el aislamiento mantiene el calor fuera.

We also insulate the walls and roofs of our homes and other buildings. During the winter, the insulation holds the heat in. In summer, the insulation keeps heat out.

Mantenerse fresco

¿Cómo podemos mantenernos frescos cuando en la ciudad hace tanto calor que parece un horno? Las personas y algunos otros mamíferos sudan para refrescarse. El sudor **se evapora** en el aire. La evaporación le quita un poco de calor a nuestro cuerpo. Genial, ¿verdad?

Keeping Cool

How do we keep cool when the city is as hot as an oven? People and some other mammals sweat to keep cool. Their sweat **evaporates** into the air. Evaporation uses up some of our body heat. That's cool, isn't it?

Los perros no pueden sudar.
Cuando tienen calor, respiran
rápido, o jadean. Jadear los
refresca. Las babas en su
lengua se evaporan. Algunos
mamíferos, como los cerdos, se
tumban en el lodo fresco. Otros
mamíferos salen sólo por la
noche, cuando hace menos
calor.

Dogs cannot sweat. When
they are hot they breathe fast, or
pant. Panting keeps them cool.
The drool evaporates from their
tongues. Some mammals, like
pigs, lay around in cool mud.
Some mammals come out only
at night, when it's cooler.

13

Algunos mamíferos, como los guepardos, viven en climas calientes. Cuando corren para cazar, necesitan refrescarse. Sus cuerpos delgados permiten que se escape el calor. Compara el cuerpo delgado del guepardo con las focas gordas de la página 7.

Some mammals, such as cheetahs, live in hot climates. When they run to hunt they need to cool off. Their thin bodies help their heat escape. Compare the cheetah's thin body to the fat seals on page 7.

Radiadores

Cuando tenemos mucho calor, nuestros cuerpos transmiten calor. Actúan como **radiadores**. Esto nos ayuda a evitar un exceso de temperatura.

Los elefantes, como los guepardos, viven en climas calientes. Los elefantes no tienen cuerpos delgados, pero tienen las orejas grandes. Sus orejas son excelentes radiadores. Sus orejas desprenden mucho calor.

Radiators

Our bodies give off heat when we are warm. Our bodies act like **radiators**. This keeps us from overheating.

Elephants, like cheetahs, live in hot climates. Elephants do not have thin bodies but they have big ears. Their big ears are excellent radiators. Their ears give off a lot of heat.

Tus orejas también desprenden calor. ¿Te las tapas en un día frío de invierno?

Your ears radiate heat too. Do you cover them on a cold winter day?

18

¿Qué tipo de sombrero te pondrías en un día caluroso y soleado de verano para mantenerte fresco?

What kind of a hat would you wear to keep cool on a hot and sunny summer day?

Lugares frescos

Cuando hace calor en la ciudad buscamos lugares frescos a donde ir. Debajo de un árbol en el parque hace fresco. También te puedes refrescar debajo de un chorro de agua o en una playa. ¿A dónde vas tú para mantenerte fresco?

Cool Places

On a hot day in the city we look for cool places to go. Under a tree in a park is a cool spot. Under spraying water or in the water at the beach are cool spots too. Where do you go to keep cool?

Ahora sabes qué hacen los mamíferos para evitar que sus cuerpos estén demasiado calientes o demasiado fríos. Y tú, ¿tienes frío, calor o te sientes cómodo en este momento?

Now you know how mammals keep their bodies from getting too hot or too cold. Are you too hot, too cold, or just comfortable right now?

Glosario / Glossary

aislar — evitar el paso del calor hacia dentro o fuera
calor — un tipo de energía que calienta
evaporarse — cambiar de líquido a gas
radiadores — cosas que transmiten calor

heat (HEET) — a type of energy that warms
evaporates (ee VAP uh RAYTZ) — changes from a liquid to a gas
insulate (IN suh LAYT) — prevent the passage of heat in or out
radiators (RAY dee AY turz) — things that give off heat

Lecturas adicionales / Further Reading

Hill, Lee S. *Homes Keep Us Warm.* Carolrhoda, 2000
Stewart, Melissa, *Mammals.* Children's Press, 2001

Acerca del autor / About the Author

Thomas Sheehan vive, respira y enseña ciencias en el estado de Maine. Como escritor, está agradecido a los Departamentos de Inglés de las Universidades de Cornell y SUNY por despertar su interés en la buena escritura, al libro de E. B. White, "Elements of Style", por pulir su estilo, y a los editores del periódico Bangor Daily News por imponerle disciplina.

Thomas Sheehan lives, breathes, and teaches science in Maine. He credits the English Departments at Cornell University and SUNY for awakening his interest in good writing, E. B. White's *Elements of Style* for smoothing out the wrinkles, and the editors at *The Bangor Daily News* for discipline.